AF337705

SUR

L'EXPÉDITION ET LE SIÈGE

DE CONSTANTINE

EN 1837.

PARIS. — IMPRIMERIE DE BOURGOGNE ET MARTINET,

rue Jacob, 30.

SUR

L'EXPÉDITION ET LE SIÉGE

DE CONSTANTINE

EN 1837.

———

MARCHES, TRAVAUX, DÉTAIL DE L'ASSAUT.

———

AVEC DEUX PLANS ET UNE VUE.

PARIS.

—

FÉVRIER 1838.

L'EXPÉDITION ET LE SIÉGE

DE CONSTANTINE

EN 1837.

MARCHES, TRAVAUX, DÉTAIL DE L'ASSAUT.

———————

Une seconde expédition ayant été résolue contre Constantine, des camps retranchés furent établis à Dréan, à Nechmeya et à Mjez-Ammar ; les premiers pour servir de lieux de station défensifs, le dernier pour y rassembler en sûreté les différents parcs et tout le matériel de l'armée expéditionnaire, et rapprocher ainsi son point de départ à environ moitié distance entre Bône et Constantine.

Une route praticable à l'artillerie fut exécutée de Bône à Mjez-Ammar, puis jusqu'au col du Raz-el-Akba, sur un terrain presque partout difficile et fortement accidenté.

A Mjez-Ammar, on établit des baraquements pour une manutention, une ambulance et des magasins. A Ghelma, on releva les murailles de l'enceinte de l'ancienne ville romaine, et on s'y mit à l'abri de toute espèce d'attaque de la part des Arabes. Un hôpital, une manutention, des magasins et quelques casernes y furent élevés en maçonnerie. Les ruines fournirent pour ces constructions des matériaux peu altérés dans leur forme, et prêts à être remis en œuvre. On découvrit des carrières de chaux et de plâtre dans le voisinage de la ville. Un ancien puits fut déblayé et donna de l'eau potable. Enfin, on détourna le courant d'une source abondante située à un quart de lieue, et on l'amena dans l'intérieur de l'enceinte.

Tous ces divers travaux ne purent être exécutés qu'avec de grandes fatigues, qui, jointes à l'influence pernicieuse du climat, donnèrent lieu à des maladies et à des pertes considérables.

Les divers parcs furent réunis à Mjez-Ammar ; mais les besoins du service de l'administration étaient tels que l'on fut contraint de la faire aider par d'autres services. Une partie des voitures de l'artillerie fut employée à porter de l'orge et de la paille ; et la moitié du matériel du génie fut laissé à Mjez-Ammar pour être remplacé par un chargement pour l'administration ; toutefois, 40,000 sacs à terre en furent précieusement conservés, afin d'avoir la possibilité de cheminer sur le terrain de roc et en contre-pente, tel qu'on savait être celui devant le front d'attaque de Constantine.

DÉPART DE L'ARMÉE. — JOURNÉE DU 1er OCTOBRE.

L'armée part du camp de Mjez-Ammar par un beau

temps. Bientôt il devient mauvais ; la pluie détrempe le sol des chemins ; les voitures montent les rampes du col avec difficulté en doublant les attelages. On bivouaque sur le Raz-el-Akba et en arrière.

Distance parcourue 13,200 mètres (1).

JOURNÉE DU 2 OCTOBRE.

La route exige des travaux de réparation aux passages des ravins. On adoucit des rampes, on consolide des gués par d'épaisses couches de pierres et de gros graviers. A une lieue et demie de Sidi-Tamtam on est arrêté deux heures pour travailler à rendre praticable à l'artillerie une pente roide et difficile. On campe devant le marabout de Sidi-Tamtam.

Distance parcourue 14,000 mètres.

JOURNÉE DU 3 OCTOBRE.

La route présente moins de montées ; mais on a à traverser plusieurs fois l'Oued-Zenati dont il faut consolider les gués et adoucir les rampes des berges. Après avoir dépassé le Raz-Zenati, en arrivant sur le plateau de Baccara, on a pour la première fois la vue de quelques Arabes d'Achmet, qui, à notre approche, mettent le feu aux meules de paille des douairs voisins dont on parvient cependant à sauver une partie. On campe à Baccara.

Distance parcourue 22,800 mètres.

(1) Cette distance et les suivantes résultent de la reconnaissance faite pendant la marche, par les officiers du génie, de la route parcourue par l'armée.

JOURNÉE DU 4 OCTOBRE.

On entre dans le bassin de la rivière du Rummel qui descend du côté de Constantine. On a beaucoup à travailler pour passer, à diverses reprises, le ruisseau de Mehris dont l'artillerie est contrainte de suivre alternativement les deux rives, pour éviter d'avoir à gravir les pentes trop roides d'un mamelon de roche nue que contourne le ruisseau, et sur lequel est tracé le chemin direct praticable seulement pour l'infanterie. On campe près du Mehris.

Distance parcourue 18,700 mètres.

JOURNÉE DU 5 OCTOBRE.

L'avant-garde part à neuf heures, après avoir été rejointe par les deuxième et troisième brigades. A onze heures, on arrive sur la montagne de Somha, couronnée à son sommet par les ruines d'un monument romain. On découvre à trois lieues Constantine entre les hauteurs du Mansourah et du Coudiat-Ati, et le camp d'Achmet sur la rive gauche du Boumerzoug. Après une halte de deux heures pour rallier l'armée, on se remet en marche en descendant la vallée d'un affluent du Boumerzoug qu'on passe plusieurs fois au moyen de quelques travaux rapides. On arrive sur le Boumerzoug. Une fusillade insignifiante s'engage entre nos tirailleurs et les Arabes. On campe à quelques centaines de mètres de la rivière et à deux lieues de Constantine. Le coucher du soleil fait craindre la pluie pour la nuit.

Distance parcourue 14,000 mètres.

JOURNÉE DU 6 OCTOBRE.

La nuit a été pluvieuse. On part à six heures; les chemins ne sont pas encore gâtés, et la marche n'est un peu ralentie que par la nécessité d'adoucir quelques rampes. On arrive à neuf heures sur le plateau de Mansourah d'où la ville se présente tout entière en amphithéâtre sur la rive gauche du Rummel.

Distance parcourue 9,300 mètres.

Pl. Irc. La partie de l'enceinte qui fait face au Mansourah est rendue inabordable par le profond encaissement du Rummel. Elle n'a pas de remparts, et les maisons qui bordent l'escarpement sont hors de la portée de la mousqueterie du plateau de Mansourah.

Nous recevons quelques bombes et boulets d'une batterie de la Casbah *l*, au feu de laquelle se joint celui d'une seconde batterie, de canons seulement, voisine de la porte d'El-Cantara. Le reste de l'armement de la place est accumulé sur la partie de l'enceinte faisant face au Coudiat-Ati, la seule qui ne soit pas formée par des rochers infranchissables, par conséquent la seule attaquable.

On décide immédiatement la construction de trois batteries. La batterie Royale, N° 1, aura pour objet de ruiner les défenses du front d'attaque qu'elle prendra de revers. La batterie d'Orléans, N° 2, devra contre-battre celle de la porte d'El-Cantara, et partager l'attention de l'ennemi en lui faisant craindre sur ce point une attaque telle que celle qui avait été tentée en 1836. La batterie de mortiers, N° 3, devra tirer sur la Casbah et inquiéter la ville en essayant de mettre le feu aux principaux bâtiments que l'on suppose contenir les magasins et approvisionnements, ou ayant été désignés comme les contenant.

A deux heures, on s'empare du Coudiat-Ati (1), après avoir passé en deux colonnes les gués du Boumerzoug et du Rummel vers leur confluent au-dessus duquel sont les restes d'un aqueduc romain. Pour faciliter la garde de ce plateau, trois compagnies de sapeurs avec la légion étrangère et les tirailleurs d'Afrique établissent des retranchements en pierres sèches sur les crêtes les plus rapprochées de la place et sur la gauche de la position, et crénèlent quelques maisons restées debout. On peut ainsi, sans trop livrer les hommes aux vues de la place, en surveiller les portes et les sorties, et contenir l'ennemi extérieur.

Au Mansourah, pendant que l'artillerie commence l'établissement de ses batteries, 100 sapeurs et 300 hommes d'infanterie creusent sur le revers de la montagne un chemin d'environ 1,200 mètres de développement pour le transport des pièces de 24 et de 16 de la batterie N° 1.

Pour activer le travail de cette même batterie, la plus importante par son objet et la plus urgente, on en fait exécuter par les sapeurs une partie à gauche pour une pièce de 24. Cette partie, isolée par un rocher saillant du reste de la batterie, doit être construite entièrement en sacs à terre. Quelques hommes y sont blessés.

NUIT DU 6 AU 7 OCTOBRE.

Au Mansourah, on travaille aux batteries.

Au Coudiat-Ati, on achève les dispositions défensives pour les postes qui gardent le plateau.

(1) Voir la planche Ire et le plan qui se trouve dans le *Spectateur*, numéro de février 1837.

JOURNÉE DU 7 OCTOBRE.

Au Mansourah, on profite de cette journée pendant laquelle l'artillerie fait les plates-formes de la batterie N° 1 (dont l'armement ne peut se faire que dans la nuit), pour améliorer le chemin qui y conduit. On adoucit quelques pentes, et on rectifie quelques parties du tracé, pour obtenir des tournants moins courts, ce qui est rendu nécessaire par le grand nombre de chevaux qu'on sera obligé d'employer pour faire mouvoir des pièces de 24 sur un terrain en partie nouvellement remblayé.

Au Coudiat-Ati, on reconnaît les communications à suivre pour pouvoir amener l'artillerie sur le plateau.

Du parc au Boumerzoug, on ira constamment à couvert et sans de trop grandes difficultés. Entre le gué du Boumerzoug et l'aqueduc, une longueur de deux cents mètres environ de chemin restera soumise au canon de la place, inconvénient qui n'est pas très grave pour une communication à cette distance de plus de mille mètres, et que les formes du terrain ne permettent pas d'éviter. Cette partie du chemin projeté est d'ailleurs d'une inclinaison tellement forte, qu'elle ne peut être rendue praticable à l'artillerie que par un travail considérable ordonné pour la nuit suivante.

Au-delà de l'aqueduc, on est à couvert et sur une pente facile jusqu'au Rummel, dont les berges abruptes et élevées exigeront d'énormes déblais pour l'exécution des rampes. Le gué et les escarpements du Rummel traversés, on rejoindra le chemin de Tunis où il y a peu à faire.

Outre les travaux qu'exigent les communications, on

ordonne l'occupation du mamelon au-dessus du confluent et de l'aqueduc par un ouvrage fermé, qui
puisse être défendu par une cinquante d'hommes,
afin d'assurer la partie du chemin la plus éloignée des
camps et la plus menacée par les Arabes.

La reconnaissance du front d'attaque fait voir que,
depuis la première expédition, il a été considérable-
ment ajouté aux moyens de défense. Les maisons qui
formaient une espèce de faubourg devant la porte Bab-
el-Djedid ont été rasées. Des talus en terre, qui, en
formant des rampes sur les rochers du pourtour de la
place, permettaient d'y pénétrer, ont été enlevés de
manière à rétablir partout les escarpements sur une
hauteur inescaladable. La muraille de la fortification,
qui a au moins huit mètres de hauteur, est couronnée
par un chemin de rondes crénelé et à double rang de
créneaux en certains endroits. Sur le front d'attaque,
on reconnaît des constructions neuves avec batteries
casematées : on y compte dix-huit embrasures armées
de pièces de bronze, et des créneaux sont en outre ré-
gulièrement percés entre les embrasures.

Pl. II.   Cependant cette enceinte, si forte contre les attaques des Arabes, livre à nos batteries son escarpe
vue jusqu'au pied, et la partie la plus saillante n'est
protégée que par des flanquements dont l'action est
faible et facile à détruire. C'est donc là qu'il faut faire
brèche, et l'on arrête que dès le soir même on com-
mencera à cinq cents mètres la batterie de Nemours,
N° 4, pour les pièces de gros calibre, seules capables
à cette distance d'une action puissante contre des maçonneries. Son épaulement sera établi sur la route de
Tunis, faute d'autre espace horizontal rapproché de
nos dépôts. Une seconde batterie, N° 6, pour deux

obusiers de 6", est aussi ordonnée sur une terrasse qui
domine la route à gauche et un peu en avant de l'em-
placement choisi pour la batterie N° 4.

Les épaulements de ces deux batteries, comme ceux
des autres, ne peuvent se faire, sur ce terrain tout de
roc et de pierrailles, qu'avec des sacs à terre que l'on
remplit là où quelques veines de terre le permettent
accidentellement, et que l'on transporte ensuite à bras
d'hommes aux lieux où ils doivent être mis en place.
L'approvisionnement de sacs à terre de l'artillerie
ayant été épuisé par les premières batteries du Mansourah, on emploiera ceux du parc du génie. Deux
compagnies de sapeurs travailleront conjointement
avec les canonniers à la formation des épaulements.

Tous les ordres relatifs à ces divers travaux sont
donnés de bonne heure, et les dispositions prises pour
que les outils et sacs à terre arrivent en temps utile à
leur destination ; mais la pluie qui commence à quatre
heures et qui doit nous faire tant de mal en arrêtera
l'effet.

NUIT DU 7 AU 8 OCTOBRE.

A la nuit, malgré la pluie incessante devenue très
forte, trois compagnies de sapeurs et 750 hommes
de la ligne sont dirigés sur les lieux du travail ordonné. Des détachements s'égarent à travers champs ;
on a beaucoup de peine à passer les gués dont l'eau
grossit rapidement, et ce n'est que fort tard que l'on
parvient à rallier les divers détachements aux points
indiqués.

Vers l'aqueduc où le travail doit être le plus considérable, après avoir essayé pendant plusieurs heures

de se mettre à l'œuvre et d'exécuter les terrassements au milieu des torrents de pluie et de l'obscurité la plus profonde, on reconnaît, malgré le zèle le plus opiniâtre, l'impossibilité matérielle de rien faire cette nuit, et les travailleurs sont renvoyés à une heure du matin.

A la batterie N° 4, on commence l'épaulement avec les sacs à terre déjà remplis dans la journée par les sapeurs. Mais quand le tas en est épuisé, le travail ne fait plus de progrès. Les sacs qu'on essaie de remplir ne reçoivent que des terres détrempées que la toile, en général de très mauvaise qualité, contient mal pendant le transport, et ils arrivent en partie vides à la batterie. Les travailleurs qui les portent glissent, tombent à chaque pas sur ce terrain difficile; et à trois heures du matin, après des efforts inouïs, rendus inutiles par le temps affreux, le terrain impraticable et l'excessive fatigue des hommes, on se résigne à cesser le travail.

Au Mansourah, l'artillerie essaie d'amener à force de chevaux les pièces dans la batterie N° 1. L'obscurité et la pluie épouvantable ne permettent pas aux attelages de rester dans la direction précise du chemin, qui n'a que deux mètres et demi de largeur. De plus, ce chemin tracé en travers d'une pente fort inclinée n'est taillé qu'en partie dans le terrain naturel, et les terres ou roches schisteuses et friables du remblai, délayées par l'averse continuelle de cette affreuse nuit, cèdent sous l'action des roues, et même finissent par être enlevées en entier par les nappes d'eau qui descendent en torrents du haut de la montagne. Deux pièces de 16 et une de 24 sont renversées dans les ravins.

JOURNÉE DU 8 OCTOBRE.

La pluie continuant sans interruption et la communication pour arriver au Coudiat-Ati étant impossible, on se décide à utiliser le retard forcé de l'établissement de la batterie de brèche N° 4, en exécutant une nouvelle batterie, celle Damrémont N° 5, destinée à ajouter à l'effet de celles déjà commencées au Mansourah. Elle est tracée sur le plateau supérieur au-dessus de la batterie N° 1, et l'on pourra toujours y amener des pièces, quel que soit le temps.

Sept compagnies de sapeurs et mineurs sont formées au point du jour en ateliers pour le remplissage des sacs à terre, autour des parapets de l'ancienne redoute tunisienne, qui offrent des monceaux de terre non détrempée et derrière lesquels on est dérobé aux vues de la place. Deux cents hommes d'infanterie leur sont bientôt adjoints pour le transport des sacs rendu très pénible par la pluie battante. A midi, l'épaulement est achevé pour cinq bouches à feu.

Cependant les zouaves, dirigés par un officier d'artillerie, travaillent avec ardeur à relever les pièces de la batterie N° 1 versées dans les ravins, et les sapeurs se remettent, avec une constance non moins grande, à refaire le chemin de cette batterie en réparant les désastres de la nuit. Ils creusent en certains endroits une sorte de rainure ou ornière dans la partie solide du chemin, le long de la pente supérieure, pour retenir par les roues ainsi engagées, les pièces qui n'auront plus à craindre d'être entraînées vers la pente inférieure par l'affaissement du remblai.

A l'attaque du Coudiat-Ati, le travail est suspendu.

Tous les moyens sont portés sur le Mansourah pour tenter d'y obtenir un prompt résultat, et il est inutile de continuer la batterie N° 4, le temps ne permettant pas d'y conduire les pièces.

NUIT DU 8 AU 9 OCTOBRE.

L'artillerie achève l'armement et l'approvisionnement des batteries du Mansourah. On ne fait rien sur les autres points. La pluie qui tombe sans relâche rend physiquement impossible tout travail de terrassement. On attend l'effet des batteries qui ouvriront leur feu dans la matinée.

JOURNÉE DU 9 OCTOBRE.

Au jour, les quatre batteries du Mansourah ouvrent leur feu à la fois et le continuent toute la journée. Les pièces qui prennent de revers et d'écharpe les fronts du Coudiat-Ati, détruisent une partie des défenses de la place : mais l'effet sur la ville est presque nul. Alors on reconnaît combien était peu fondée la confiance des hommes sans expérience, qui, à Bône et à Mjez-Ammar, se plaignaient dédaigneusement de ce que l'on entravait la marche de l'expédition par l'accumulation de trop de moyens, et qui prétendaient que, lorsque nous paraîtrions sur le Mansourah avec quelques pièces, les habitants se hâteraient de nous ouvrir les portes, après les premiers coups de canon tirés de suite sur la ville, sans nous laisser le temps d'élever un parapet.

Il faut donc en venir à des moyens plus puissants. On propose de tenter l'attaque par la porte d'El-Dgabia, la moins défendue de l'enceinte. Mais la colonne d'attaque aurait à parcourir à découvert une distance de plus de trois cents mètres, sur un terrain en contre-pente, sous les feux d'une artillerie tirant à embrasures et d'une ligne de murailles et maisons crénelées de plus de six cents mètres de développement. Arrivée enfin contre l'enceinte, la colonne devrait s'arrêter, pour attendre l'effet du pétard sur la première porte, laquelle enfoncée, ne donnerait encore d'autre avantage que la facilité de pénétrer dans une espèce de petite cour n'ayant d'issue intérieure que par une seconde porte, et plongée de tous côtés par des créneaux qui n'y permettent pas un seul point abrité, et voient à bout touchant toute tentative qu'on pourrait faire sur cette seconde porte. Cette disposition, qui se laisse voir du Coudiat-Ati, ne permet pas de donner suite à cette idée.

La brèche par la mine n'est pas plus proposable dans les circonstances où se trouve l'armée. Ce moyen exige que le mineur soit amené au pied de la muraille par des cheminements à couvert, et que son établissement soit protégé par des places d'armes capables de recevoir une garde de tranchée assez forte pour contenir les sorties de la garnison. Or, tous ces cheminements, sous le Coudiat-Ati, devraient être faits sur un sol nu, presque partout de roc et en contrepente roide, sur une étendue de trois cents mètres; et ici, le temps et les matériaux manquent. Les parapets ne pourraient être exécutés presque uniquement qu'en sacs à terre, et la plus grande partie de l'approvisionnement amené de Mjez-Ammar a été employée aux batteries; on n'a pas, à beaucoup près, dans le peu qui en reste, la quantité qui serait absolument indispensable pour une semblable opération, laquelle exigerait d'ailleurs de huit à dix jours de travaux non interrompus.

Il n'y a donc d'autre moyen de s'ouvrir un passage pour pénétrer dans la place qu'en faisant brèche par l'artillerie placée sur le Coudiat-Ati. Obligé de renon- cer au premier chemin tracé derrière l'aqueduc, qui avait été reconnu exécutable avant les pluies, mais qui ne l'est plus après, on se décide, en désespoir de cause, à en choisir un autre, malgré les difficultés presque insurmontables qu'il semble présenter.

Les pièces suivront d'abord le chemin qui conduit directement à la ville en passant le Rummel à un gué distant de 530 mètres seulement de l'angle le plus saillant de l'enceinte. La rivière traversée, elles tourne- ront à gauche et suivront une rampe qui, les rame- nant en arrière, les fera rejoindre la route de Tunis au-delà de laquelle elles seront portées à couvert sur des emplacements rapprochés des batteries. Cette rampe est fort roide, sur un terrain rocailleux, inégal et presque entièrement exposé aux feux de la place, de même que le gué et une partie du chemin de la rive droite avant d'arriver au gué.

NUIT DU 9 AU 10 OCTOBRE.

En exécution de ce qui a été arrêté le jour, une com- pagnie de sapeurs est envoyée en avant de l'artillerie pour faire les réparations les plus urgentes au chemin qu'elle aura à parcourir. Deux autres compagnies avec de l'infanterie vont occuper les ruines du bardo A et du marabout B, dans le double but de protéger le trans- port des pièces au-delà du Rummel et de se préparer un couvert qui servira de point de départ et d'appui

aux cheminements à pousser en avant. On perce des
créneaux dans les murs de clôture, on en relève plusieurs parties abattues, et l'on fait en pierres sèches
des tambours devant les portes, etc.

Pendant l'exécution de ces travaux, les officiers du
génie reconnaissent, attenant au marabout B, un chemin creux ou ravin d'une longueur de deux cents mètres, couvert à peu près des vues de la place par sa
direction et sa profondeur, et qui conduit sur le plateau
du front d'attaque à cent cinquante mètres de l'escarpe.
Quelques travaux rapides suffiront pour compléter son
défilement dans toutes ses parties. On obtiendra ainsi
une vaste place d'armes qui sera encore prolongée le
plus possible pour rapprocher de la brèche et à couvert
la colonne d'assaut, et aussi pour recevoir une seconde
batterie de brèche, si la première n'a pas une action
suffisante contre les maçonneries de l'escarpe de l'enceinte que l'on croit cependant devoir offrir peu de
résistance.

Vers une heure du matin les Arabes essaient contre
le marabout B une sortie qui est vigoureusement re-
poussée. On est obligé de renoncer à joindre les deux
postes du marabout et du bardo par une communication
couverte; une tranchée est impossible dans ce terrain
de pierres et de rocailles, et une communication en sacs
à terre emploierait des matériaux précieux qu'il faut
conserver avec soin pour se créer des couverts plus
rapprochés de la place. On ne communiquera donc
entre ces deux postes que la nuit, ou le jour en courant.

L'artillerie descend les pentes du Mansourah avec
de grandes difficultés. Arrivée tard sur le bord de la
rivière, elle trouve le gué fort large et embarrassé de

roches roulées qu'il faut écarter pour le passage des pièces. Ce travail si pénible est exécuté avec une énergique patience par les canonniers et les sapeurs qui précèdent les pièces, auxquels se joignent ceux des postes du bardo. Ils sont obligés de se mettre dans le torrent jusqu'à la ceinture pour déblayer le gué et pousser aux roues des diverses voitures dont les attelages sont doublés et triplés. Enfin les quatre pièces ont traversé le Rummel ; mais la dernière n'arrive sur la rive gauche qu'au point du jour.

Pour gravir les pentes si rapides du Coudiat-Ati, par lesquelles on rejoint la route de Tunis, on attelle aux pièces jusqu'à quarante chevaux, et leurs efforts sont encore aidés par ceux des hommes. Ce travail est inquiété par le feu de l'ennemi aussitôt que le jour permet de le distinguer de la place. Cependant trois pièces arrivent au sommet ; la quatrième, une pièce de 24, est renversée dans un ravin ; elle est relevée quelques heures après.

Sur le Coudiat-Ati, les canonniers, conjointement avec les sapeurs, reprennent le travail de la batterie N° 4. On réduit à quatre mètres l'épaisseur de l'épaulement pour ménager les sacs à terre. La terre détrempée par deux jours de pluie continuelle, rend le travail difficile, pénible et lent.

JOURNÉE DU 10 OCTOBRE.

Au marabout B, cent cinquante travailleurs sont employés à remplir des sacs à terre dans les parties du terrain qui offrent quelques veines de bonne terre afin d'avoir, dès les premiers moments de la nuit, un approvisionnement de sacs déjà remplis qui permettront de commencer immédiatement et rapidement la place d'armes en avant du ravin.

NUIT DU 10 AU 11 OCTOBRE.

On relève, du côté de la place, les bords du ravin par des pierres amoncelées, ou par des sacs à terre dans les parties où l'on a le plus besoin de hauteur pour y mettre parfaitement à couvert la garde et les travailleurs. En même temps les sapeurs exécutent deux têtes de sape en sacs à terre, à droite et à gauche du marabout C. Elles sont alimentées par une suite de travailleurs qui vont chercher les sacs aux divers lieux de dépôt. Tous les sapeurs disponibles sont formés en ateliers pour en remplir de nouveaux à mesure que ceux déjà pleins sont emportés. Les sapes sont couvertes par une ligne de postes d'observation.

Le travail marche d'abord avec rapidité en sape volante et sans être inquiété. Mais à huit heures et demie l'ennemi s'en aperçoit, et une vive fusillade part de la place avec quelques coups de canon à boulet et à mitraille. Les postes en avant se retirent suivant l'ordre donné, et se mettent à couvert derrière le marabout. Les travailleurs s'arrêtent et s'abritent, ainsi que la garde de tranchée, dans la partie déjà faite de la sape et dans le ravin. Tous attendent, immobiles et en silence, que l'ennemi ralentisse la vivacité de son feu.

Au bout d'une demi-heure, le feu diminue sensiblement, et bientôt cesse par intervalles. Le travail est repris, mais à la sape pleine, et, malgré la fusillade, il n'est plus interrompu qu'un moment, à une heure, par une sortie d'Arabes bientôt repoussés à la baïonnette et sans un seul coup de fusil de la garde, qui se conforme ainsi scrupuleusement à l'injonction faite de ne pas tirer.

Au jour, à la gauche du marabout C, sur une épaisseur de trois rangées de sacs à terre, et sur une hauteur de 2^m,5o, nécessaire pour défiler le terre-plein en arrière, quinze mètres de sape sont exécutés, et la même longueur à droite, sur une hauteur de 2^m de parapets percés de créneaux pour les tirailleurs.

On continue la batterie N° 4, et l'on prépare les sacs à terre nécessaires pour terminer la batterie N° 6.

On commence au-dessus de la route de Tunis la batterie N° 7 qui doit être armée de mortiers.

JOURNÉE DU 11 OCTOBRE.

A neuf heures, la batterie N° 4, armée de trois pièces de 24 et d'une pièce de 16, ouvre son feu pour battre en brèche la partie de l'enceinte la plus saillante, non flanquée et à la droite de l'angle *k*. En même temps les batteries directes N°s 6 et 8, armées l'une de deux obusiers de 6°, l'autre d'une pièce de 16 et de deux obusiers de 8°, contrebattent les embrasures de l'ennemi qui ont vue sur les attaques. Leur effet se joint à celui de la batterie N° 1 qui continue à prendre de revers les défenses du front attaqué. A une heure après midi, la batterie N° 7 jette des bombes autour de la brèche commencée. Tous ces feux convergent ainsi pour hâter l'éboulement de la brèche, détruire les défenses et les obstacles que l'ennemi pourrait essayer d'exécuter en arrière, afin de s'y ménager un réduit.

Le soir, la brèche commence à se dessiner, mais elle présente encore un talus roide et escarpé dans quelques parties. La maçonnerie, en forts matériaux, est plus liée et meilleure qu'on n'avait présumé d'abord. On craint qu'à cette distance de cinq cents mètres, avec quatre pièces seulement, avec le petit nombre de coups qu'on a à tirer, et le peu de temps dont on a à disposer, on ne puisse faire une brèche suffisante, et on décide que, la nuit suivante, les pièces seront transportées en avant dans la place d'armes. Une partie de celle-ci sera transformée en épaulement de batterie, et l'on continuera à pousser la sape de manière à se rapprocher le plus possible de la brèche. On démolit la batterie désarmée N° 5 du Mansourah pour en retirer les sacs à terre destinés à ces travaux projetés pour la nuit.

NUIT DU 11 AU 12 OCTOBRE.

Le travail est organisé comme la nuit précédente et commence à sept heures. L'ennemi, occupé lui-même à réparer et retrancher sa brèche, n'inquiète pas l'assiégeant, et celui-ci travaille à découvert la plupart du temps. A trois heures, l'épaulement de la batterie est achevé, et il ne reste que les plates-formes qui offrent quelques difficultés par l'inégalité et l'inclinaison du terrain, et exigent en certains endroits jusqu'à un mètre de remblai. Le prolongement de la place d'armes est arrêté à dix mètres du marabout D pour donner passage aux colonnes d'assaut.

Il reste à couvrir cet intervalle par une portion de ligne ou traverse parallèle à la place. Mais au moment où l'on va commencer ce travail et où les pièces de la première batterie de brèche N° 4 descendent vers la nouvelle en suivant un chemin entièrement vu de la place, une fusillade des plus vives part des créneaux de l'enceinte et des maisons de la ville sur les travaux et sur les pièces en marche. Heureusement l'obscurité rend les coups incertains ; on n'éprouve que peu de pertes, et les pièces arrivent à la batterie. Une pluie violente qui survient en même temps rend tout-à-fait impossible la continuation du travail et le transport des sacs à terre par des hommes écrasés par des fatigues excessives, prolongées, et par les maladies qui n'ont épargné personne.

JOURNÉE DU 12 OCTOBRE.

Le matin, l'artillerie termine les plates-formes de la nouvelle batterie de brèche. La batterie N° 4 est réarmée par une pièce de 16 et trois obusiers pris dans les batteries en arrière, et ces dernières reçoivent les bouches à feu qu'on y fait venir du Mansourah. A neuf heures, le gouverneur-général, descendant avec S. A. R. Mᵍʳ le duc de Nemours pour arriver à cette batterie, est tué par un boulet.

A une heure, la nouvelle batterie N° 9, établie dans a place d'armes, ouvre son feu, dont l'effet est prompt sur la brèche. Les obus tirés des batteries N°ˢ 4, 6 et 8 adoucissent le talus, ou vont ruiner les maisons en arrière, et empêcher l'ennemi de s'y retrancher avec sécurité. A six heures du soir, la brèche paraît dans un état tel qu'on juge que l'assaut pourra avoir lieu le lendemain.

Cependant les zouaves, dirigés par quelques sapeurs

protègent la gauche de la place d'armes par un épaulement appuyé au marabout D; ils se mettent ainsi à couvert des tirailleries des Arabes qui ont plusieurs fois tenté de les inquiéter de ce côté.

NUIT DU 12 AU 13 OCTOBRE.

On exécute, à la droite du marabout D, l'espèce de traverse destinée à couvrir la sortie de la place d'armes. A quatre heures, on reconnaît la brèche, elle est dé· clarée praticable.

L'assaut est ordonné pour neuf heures du matin : 1° parce qu'on s'attend à une grande résistance de l'ennemi en arrière de la brèche, et que sur un tel champ de bataille, espèce de labyrinthe, l'avantage de l'obscurité est tout entier au défenseur qui a disposé lui-même les lieux contre l'assaillant qui n'a pu les reconnaître, et devant lequel la nuit grandit tous les obstacles; 2° parce que le jour ajoute encore au courage des plus intrépides, sous les yeux de leurs camarades et de leurs chefs.

Le moment est choisi après quelques heures de jour afin que les batteries de l'assiégeant aient le temps de détruire les travaux de défense que l'ennemi aura probablement élevés sur la brèche et en arrière.

Les troupes désignées pour l'assaut se rendent avant le jour dans la tranchée sous les ordres de S. A. R. Mgr le duc de Nemours. Elles sont divisées en trois colonnes.

La première, commandée par le lieutenant-colonel de Lamoricière, est formée d'un détachement de 40 sapeurs et mineurs dirigés par 4 officiers du génie, de 3oo zouaves et des deux compagnies d'élite du bataillon du 2ᵉ léger; elle est réunie dans la place d'armes derrière la batterie.

La seconde, commandée par le colonel Combes, est formée de la compagnie franche du 2ᵉ bataillon d'Afrique, de 80 sapeurs dirigés par 5 officiers du génie, de 100 hommes du 3ᵉ bataillon d'Afrique, de 100 hommes de la légion étrangère et de 3oo hommes du 47ᵉ de ligne; elle est réunie dans le ravin.

La troisième, commandée par le colonel Corbin, est forte de deux bataillons pris dans tous les régiments, et réunie dans le bardo.

Les officiers et soldats du génie non désignés pour l'assaut et disponibles sont en réserve dans la place d'armes, prêts à marcher suivant les circonstances et les besoins de l'attaque.

JOURNÉE DU 13 OCTOBRE. — ASSAUT.

Pl. II.   Au point du jour toutes les batteries de l'assiégeant ouvrent le feu le plus vif, et font tomber simultanément et à coups précipités les bombes, les obus et les boulets sur la brèche, ses défenses et ses flanquements. Bientôt les pièces de la ville qui battent l'espace entre le rempart et la place d'armes sont complétement désemparées, et les obstacles préparés par l'assiégé sont culbutés. Le signal est donné, et la première colonne est lancée sur la brèche.

Elle franchit rapidement le glacis sous des feux obliques de mousqueterie qui ne blessent que deux hommes.

Le lieutenant-colonel de Lamoricière et le chef de bataillon du génie Vieux, en tête de la colonne, gravissent le talus de la brèche et arrivent ensemble les premiers sur le sommet. Toutes les défenses en sont détruites : les pièces de flanc en *k* sont ensevelies sous les débris des voûtes ; les parapets en sacs de laine sont bouleversés. Le mur très élevé 2-2, masse inerte de vieille maçonnerie d'une épaisseur de 3 mètres, n'a aucune action sur la brèche, et au contraire en protège une partie contre les feux des maisons, et surtout de la caserne *c* dite *des Janissaires*. Le talus de la brèche offre donc ainsi un lieu de rassemblement abrité, une sorte de place d'armes pour les assaillants.

Mais quand ceux-ci pénètrent plus avant, de 1 à 3, sur la masse de décombres amoncelés, formant une contrepente vers la ville, ils sont reçus par le feu des maisons. Ils se précipitent en avant sur les pas de leurs chefs, et se logent, en s'étendant à droite dans la ruelle 3-4, à gauche dans la ruelle 3-6. Des deux côtés, les sapeurs, bravant une fusillade à bout touchant et combattant souvent corps à corps, renversent les obstacles, et fraient le passage aux dépens du plus grand nombre d'entre eux. Vers le point 3, un pan de mur tombe et écrase sous ses débris une partie des nôtres ; on s'efforce d'en retirer ceux qui respirent encore.

Dix minutes après la première colonne, le colonel Combes part pour la soutenir à la tête d'une partie de la deuxième avec les 80 sapeurs et leurs officiers. Pendant la suite du combat, de nouveaux détachements sont envoyés de même, isolément, et à mesure des besoins. Au moyen de ce système d'attaque par renforts successifs de troupes fraîches, tout désordre général est prévenu et rendu impossible, et le succès n'est pas exposé à être compromis par un moment d'hésitation ou par un accident.

Cependant, à l'attaque de gauche, les sapeurs pénètrent avec de grandes difficultés dans une cour 7, et de là dans une rue tortueuse 8-9-10-11, pour déboucher dans la grande rue du marché, fortement tenue par l'ennemi. Un minaret *m*, dans le prolongement de la partie de rue 10-11, dirige sur ce point un feu meurtrier. On s'empare, pour le contre-battre, d'une maison située à l'angle de la grande rue et de la ruelle 10-11, et on y perce des créneaux.

L'attaque de droite marche lentement. On ne s'avance qu'avec de grandes pertes dans les ruelles 3-4 et 4-5. Plusieurs officiers, dont cinq du génie, un grand nombre de sapeurs et de soldats d'infanterie, sont déjà tués ou blessés grièvement. Enfin, les Arabes abandonnent l'espace en avant de la porte 5, et aussitôt la lueur d'une traînée de poudre ou d'un saucisson en feu annonce l'explosion d'une mine (1) qui, presque instantanément, engloutit ou brûle horriblement la masse des assaillants qui se précipitaient sur les pas de l'ennemi en retraite.

De nouveaux renforts arrivent et retablissent l'ordre, un moment troublé par le terrible effet de l'explosion. Le combat devient plus acharné. Le colonel Combes débouche par la porte 5, dans la grande rue du marché ; il enlève une barricade placée au-delà de la ruelle 10-11, et bientôt il est mortellement frappé de deux coups de feu. Les Arabes sont chassés des boutiques qui bordent la rue des deux côtés, et sont rem-

____

(1) Le fourneau de cette mine n'a pu être autre qu'un magasin à poudre de batterie que l'ennemi a fait sauter en se retirant. L'exemple lui en avait été donné devant Bône en 1830, lorsque nous abandonnâmes cette place.

placés par des Français. Mais ceux-ci, plongés de toutes parts, perdent beaucoup d'hommes sans pouvoir gagner du terrain.

Pendant tous ces efforts qui coûtent si cher, les sapeurs aidés par l'infanterie forcent une maison, située au dessus de la porte et du passage voûté 5, après un combat à la baïonnette. Ils y percent immédiatement des créneaux qui enfilent la grande rue et contre-battent le minaret m : ce dernier, battu ainsi des deux côtés, est promptement abandonné. Ils continuent leur mouvement sur la droite, parviennent à chasser l'ennemi de la caserne e, des fenêtres et créneaux de laquelle ils tirent sur la maison n et sur toutes celles qui plongeaient sur la rue du marché : ils en ralentissent le feu qui cesse peu après.

En même temps, une opération semblable s'exécute à gauche. Un renfort de sapeurs avec de nouveaux officiers du génie pour remplacer ceux qui ont été mis hors de combat, pénètre avec de l'infanterie dans la cour 15. Leur cheminement méthodique, couvert autant que possible, a pour but de tourner la grande rue du marché vers la maison n, et en même temps de s'emparer de la porte d'El-Djédid. De la cour 15, ils gagnent la rue qui longe la maison du kaliffat f : ils établissent une barricade en 16, pour défiler des coups de cette maison, la communication à travers la rue à une sape dirigée de 16 à 18, tandis qu'une autre tête de sape marche, en crénelant successivement les murs, dans l'intérieur des bâtiments qui bordent la rue ; elle arrive jusqu'en 17, tout près du passage de la porte d'El-Djedid.

Cependant l'attaque de la droite, vers la caserne des Janissaires e, poursuit sa marche après l'occupation de

la caserne. Elle suit le rempart jusqu'à la porte d'El-
Dgabia que les sapeurs ouvrent, pendant que deux
compagnies des 11e et 17e régiments pénètrent dans
la ville par une grande rue qui part de la porte : lorsque la cessation complète de la fusillade et la fuite des
Arabes de tous côtés nous annoncent que la résistance
est vaincue et que la ville est prise.

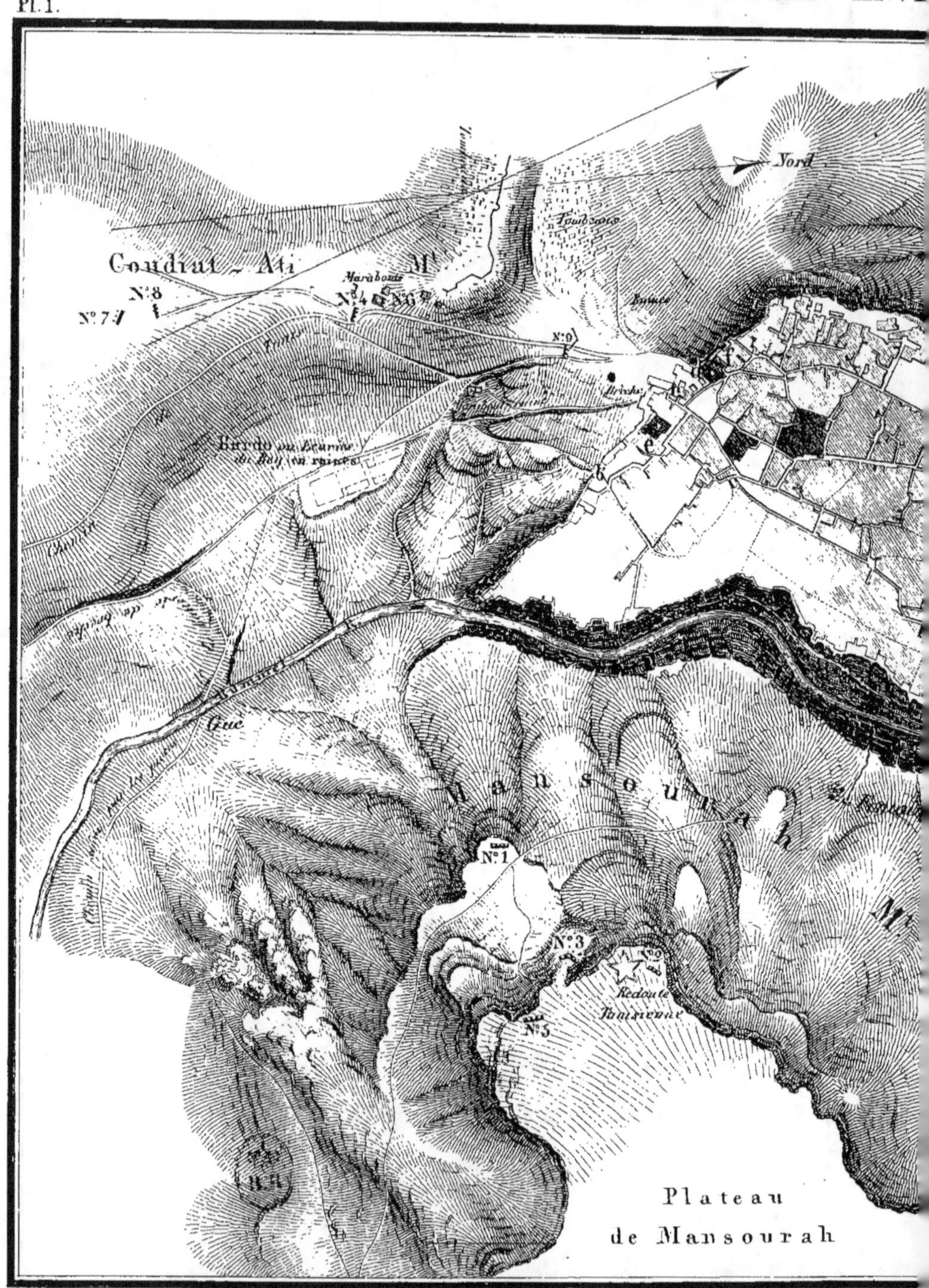
Pl. 1.
Nord
Toudoua
Conduit - Ati
Marabouts
N° 8
N° 4
N° 7
N° 0
Briche
Bardo ou Ecurie
du Bey (en ruines)
Guc
Mansourah
N° 1
N° 3
Redoute
Romaine
N° 5
Plateau
de Mansourah
Lith. de Thierry Frères.
Echelle de 1 millimètre pour 10 m
0   50   100   200   300   400   500

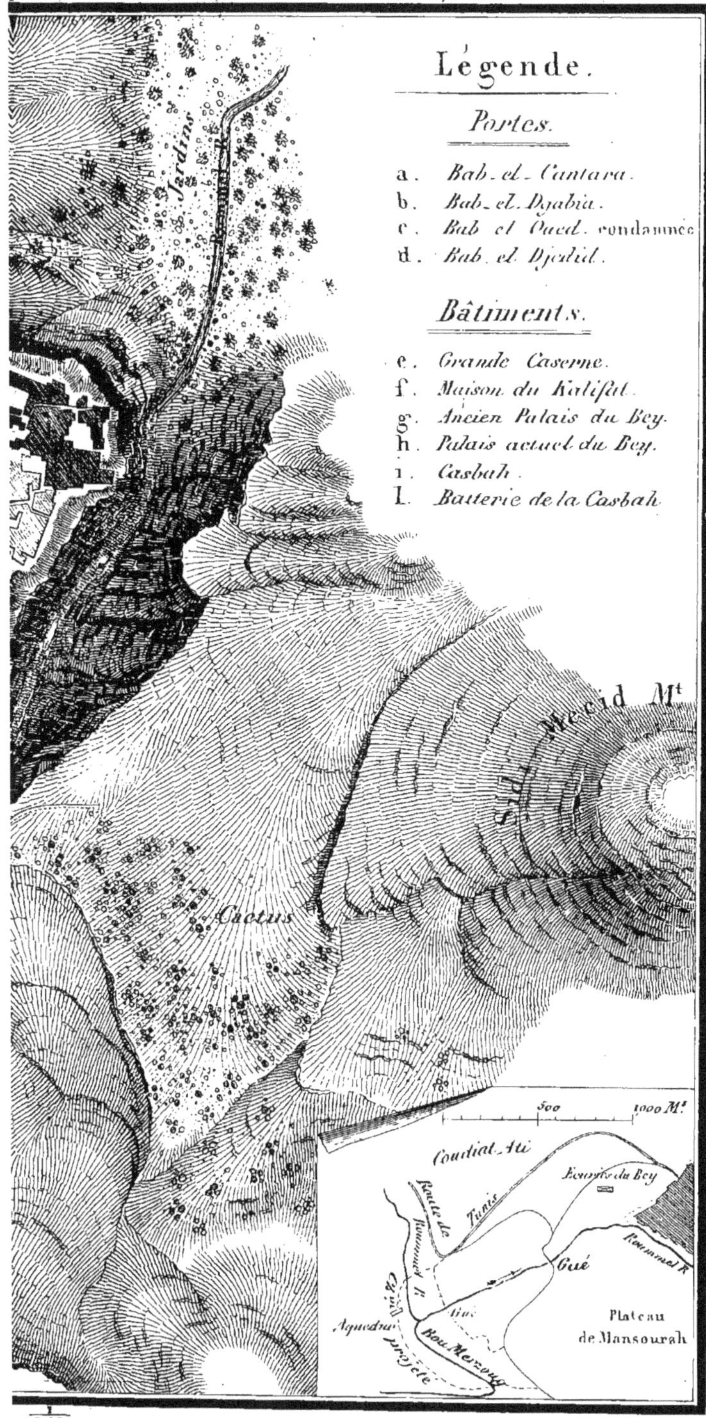
Le Spectateur Militaire 7 Février 1838.
Légende.
Portes.
a.   Bab_el_Cantara.
b.   Bab_el_Djabia.
c.   Bab_el_Oued_condamnée.
d.   Bab_el_Djedid.
Bâtiments.
e.   Grande Caserne.
f.   Maison du Kalifat.
g.   Ancien Palais du Bey.
h.   Palais actuel du Bey.
i.   Casbah.
l.   Batterie de la Casbah.
Jardins
Sidi Mecid M.t
Cactus
500   1000 M.t
Coudiat Ati
Écuries du Bey
Route de Tunis
Rummel R.
Rummel R.
Gué
Bou Merzoug
Aqueduc projeté
Gué
Plateau de Mansourah
1
10,000.
1000 Mètres

PLAN de la partie de l'enceinte de *CONSTANTINE* faisant face au Coudiat-Ati,
et du terrain des attaques *(Siège de 1837)*

Echelle de 1 Millimètre pour 2 Mètres 50 Cent.^{es} ou

C, et D, Marabouts indiqués par les mêmes lettres sur
     la planche 2, entre lesquels se trouvent une partie
     des parapets de la place d'armes et l'épaulement
     de la batterie, exécutés en sacs à terre.
e, e, Caserne des Janissaires. (Pl. 2)
2, 2, Masse de maçonnerie inerte. (Pl. 2)
k,   Partie saillante de l'enceinte avec casemates en
     ruines à gauche de la brèche. (Pl. 2)

VUE DE LA BRÈCHE

Le Spect

...STANTINE (Siége de 1837.)

...taire .

a, Minaret: reste d'une mosquée rasée par les Arabes en 1837.

b. b. b. Prolongement de la place d'armes à droite et à gauche des Marabouts.

c. c. Fin de la communication couverte à la place d'armes par le ravin.

d, Sommet du Sidi Mécid (Pl. 1ère).